AF189709

Dana Friede

Drinnen ist Krieg

Bibliografische Informationen
der Deutschen Nationalbibliothek:

Die deutsche Nationalbibliothek verzeichnet diese
Publikation in der Deutschen Nationalbibliografie,
detaillierte bibliografische Daten sind im Internet über
http://dnb.dnb.de abrufbar.

Herstellung und Verlag:
BoD – Books on Demand, Norderstedt

ISBN: 978-3748-1512-10

Liebe Leserin, lieber Leser,

ich freue mich, dass Sie nun mein erstes Buch in den Händen halten.

Oftmals sind es kleine Nebensätze, die uns im Kopf bleiben und aus denen wir Kraft, Hoffnung oder Erkenntnisse ziehen können. Ich hoffe, dass Sie hier vielleicht auch ein paar Haupt- und Nebensätze finden, die für Sie bedeutsam sein können.

Die Texte in diesem Buch sind über einen Zeitraum entstanden, in dem der „Krieg mit meinem Kopf" mich einiges an Kraft gekostet hat. Das Schreiben hat mir immer geholfen. Alle Texte habe ich in der Reihenfolge, in der sie hier vorliegen, auf meinem gleichnamigen Blog veröffentlicht.

Die Namensgebung „Drinnen ist Krieg" erfolgte in Anlehnung an Songtexte zweier Musiker, die ich sehr schätze. Ich möchte mir damit jedoch nicht anmaßen, das Leiden und die Not derjenigen zu beurteilen, die von realen Kriegen betroffen sind. Ihnen gilt mein vollstes Mitgefühl!

Auch wenn mir dieses Buch sehr am Herzen liegt und ich mir wünsche, dass es gelesen wird, möchte ich Sie an dieser Stelle warnen: Sollten Sie jemand sein, der auf Schilderungen von Depression, Verzweiflung und auch suizidalen Gedanken sensibel reagiert, sollten Sie eventuell von der Lektüre Abstand nehmen.

Wenn Sie selbst von einer psychischen Erkrankung betroffen sind, habe ich nur einen Rat für Sie: Bleiben Sie damit nicht allein, suchen Sie sich Hilfe. Und geben Sie nicht auf, egal, wie oft Ihnen danach zumute ist.

Auch ich kämpfe weiter, für mich selbst, und oftmals ist es gar nicht mehr so schwer.

Es lohnt sich, für jeden einzelnen guten Moment!

Ihre Dana Friede

Für alle, die mich nicht aufgegeben haben,

die an mich geglaubt und mich unterstützt haben,

als ich es selbst gerade nicht konnte.

Ich bin Ihnen und euch unglaublich dankbar!

Ich habe Sie gesehen. Sie mich auch? Wissen Sie überhaupt noch, wer ich bin? Ich werde wütend. Wir gehen aufeinander zu. Ich blicke hoch. Sie auch. Ich sage „Hallo" und meine „Arschloch". Ich bin mir nicht sicher, ob Sie mich erkannt haben. An der Kasse sind wir gleichzeitig fertig. Sie haben Sonnenblumen gekauft. Der pure Hohn. Sie kommen nicht noch einmal zu mir, fragen nicht, wie es mir geht, nicht mal ein verabschiedendes Lächeln haben Sie für mich übrig.

Fest steht, dass Sie in mir mehr Emotionen auslösen, als ich in Ihnen. Vermutlich hätte Ihr Ego es eh nicht ertragen, dass Sie mir nicht haben helfen können. Kein bisschen.

Danke für gar nichts.

„Ich kriege die Kurve nicht, in den Tag zu starten…" schreibe ich meiner besten Freundin.

Ja, genau so fühlt sich das an. Ich versacke einfach an einer Stelle in meiner Wohnung, an der ich möglichst lange in einer halbwegs bequemen Position verharren kann, meistens mit irgendwelchen zweitklassigen Unterhaltungsmedien, die mich nicht einmal wirklich interessieren. Zunächst nehme ich mir noch einiges vor für den Tag. In den letzten Wochen bestehen diese Vorhaben nahezu ausschließlich aus Dingen, die ich grundsätzlich gerne tue, weil ich alles andere sowieso nicht bewältigen kann. Und trotzdem bleibe ich manchmal an einem Ort kleben und schaffe es nicht, irgendwas anzufangen. Ich räume mir die Chance ein, es noch zu schaffen, der Tag ist noch jung. Verteufelt seien die Tage, an denen mich kein Einfluss von außen dazu bringt, das Haus zu verlassen oder mit etwas zu beginnen. Es ist ein schmaler Grat zwischen Überforderung und dem Druck, den ich manchmal zu brauchen scheine. Schaffe ich es nicht, und das ist leider immer häufiger der Fall, kommt irgendwann die gnadenlose Verurteilung dafür, nicht mal eines meiner Vorhaben in die Tat umgesetzt zu haben. Ich fühle mich furchtbar, zu nichts gut, wertlos. Was kann ich schließlich schon leisten? Offenbar ja nicht einmal die Dinge, die eigentlich keine besonders große Leistung sind. Ich habe abermals einen Tag meines Lebens vertrödelt, ungenutzt gelassen. Würde ich diese, von außen betrachtet vermutlich faulen Tage, wenigstens genießen, wäre das alles halb so schlimm. Aber so ist es nicht. Je älter der gerade noch so junge Tag wird, desto schlechter geht es mir damit.

Ich sitze immer noch hier und mit mir meine Vorhaben, die mich auslachen und mir sagen, dass sie doch viel mächtiger sind als ich. Gleichzeitig empfinde ich sie als derartige Kleinigkeiten, dass ich mir auch keinen Stolz zugestehe, wenn ich doch stärker war als sie. Viele meiner Gedanken beginnen mit „Die anderen…". Und die anderen schaffen das alles noch neben einem Vollzeitjob.

So vergehen manche Tage, während ich in meiner kleinen Wohnung sitze, von außen betrachtet nahezu nichts tue, während in mir alles arbeitet und den nächsten Kriegs-Feldzug vorbereitet.
Es ist ein trauriges Spiel.

Ich trete. Und trete. Und schwitze, es tropft. Ich senke den Kopf, schließe die Augen. Alles glüht, ich brenne.

Ich freute mich, dich zu sehen. Du hast mich nicht mehr beachtet als sonst auch, auch nicht weniger. Es greift mich nur mehr an als sonst.

Du zeigst ihr die Dinge, sie fragt nach. Ich möchte ihr wehtun. Oder mir. Du bist so schön. Ich möchte, dass du mich siehst und denke jedes Mal, wenn ich mich nur genug anstrenge, wenn du siehst, wie ich mich abmühe, dann wirst du das schon registrieren und kommentieren, dann kommen wir ins Gespräch... Aber ich bin nur eine von vielen an diesem Ort und kann von dir nicht erwarten, dass du gerade mich beachtest, zwischen all den anderen, die auch dort sind. Du bist schön, ich sehe dich gerne an, ich höre dich gerne sprechen. Und doch, ich kenne dich eigentlich gar nicht.

Ich trete noch immer, woher kommt diese Energie? Woher kommt diese plötzliche Wut, die Eifersucht?

Ich will nicht so ein Mensch sein. Vielleicht hat das alles gar nichts mit dir zu tun. Vielleicht bist du nur ein Symptom meiner Probleme?

Ihr mit euren hübschen Kleidern, eurem stolzen Lächeln, berechtigt übrigens, glücklich mit euren Liebsten, im Kreise der Wissenden aufgenommen. Ich gönne es euch, wirklich.

Ihr alle. Und ich. Ich gehöre nicht an diesen Ort und auch nicht richtig dazu. Warum das alles? Was habe ich mir dabei gedacht?

Ich wünsche mich weg.

Zu allem Überfluss mein Name, laut und deutlich. Als stiller Beobachter, das hätte ich vielleicht geschafft, ohne direkte Konfrontation mit meinem Unvermögen, als Beistand für andere, okay. Aber so? Bitte nicht, bitte Gnade.

Dann noch ich selbst, wie ich einerseits krampfhaft versuche, mich zusammen zu reißen, mich andererseits höhnisch verspotte dafür, dass ich genau das eben nicht haben kann. Ich rede mir ein, dass ich das auch gar nicht will, was sollte ich daran wollen, was hat man schon davon, das ist doch alles Quatsch. Dieses ganze Theater.

Natürlich will ich das, alles davon, von vorne bis hinten.

Wenn ich nicht mehr da wäre, was wäre anders? Was würdet ihr über mich erzählen, wenn ich es nicht mehr hören kann? Wer wäre ich für euch gewesen, was hätte ich bedeutet? Würdet ihr überhaupt von mir sprechen, auch nach langer Zeit noch? Habe ich irgendwas bewirkt, euch berührt?

Ich möchte nicht sterben. Aber ich habe auch keine Angst davor.

Ich möchte wissen, wer ich bin, wer ich für euch bin und ich kann euch nicht dazu zwingen, es mir zu sagen, weil das immer komisch wäre. Solange ich es hören soll, besteht auch die Gefahr, dass ihr nur sagt, was ich hören will.

Gebt mir etwas, womit ich mich identifizieren kann, jetzt, wo mir so viel verloren geht.

Ich will nicht so sein, so wehleidig, so traurig, so tragisch und vor allem: So abhängig von eurer Resonanz, die trotzdem nie ausreichend ist.

Bitte, seht mich an. Antwortet. Seid da.

Lasst mich nicht darum bitten müssen, ich möchte nicht mehr darum kämpfen und mich bemühen. Ich möchte, dass man sich um mich bemüht. Es gibt sie, diese Menschen, diese guten Geister, und sie helfen, keine Frage. Aber es reicht nicht.

Das ist mein Problem. Es reicht nie. Auch nicht mit der Beachtung derer, von denen ich es mir so sehr erhoffe. Ich bin diesem Dilemma doch schon selbst auf die Schliche gekommen und dennoch ist der Wunsch nach Kontakt so groß und so präsent, dass ich meinen Alltag manchmal nur schwer auf die Reihe bekomme. Sie müssen mich zwangsläufig enttäuschen, diese meine Helden, die mich doch bitte endlich ansehen sollen. Es geht gar nicht anders, denn sie sind weit weg von meinem Alltag und können, dürfen nicht so nah ran. Nicht so nah, wie ich sie gerne hätte.

Du legst deinen Kopf auf meine Schulter. Ich muss lächeln, ich kann gar nicht anders. Der Mann gegenüber auch nicht.

Wie kann ich nur immer wieder nicht merken, wenn mir solche Momente fehlen, wenn du mir fehlst? Du bist nicht selbstverständlich, bei Weitem nicht. Ich sollte es dir viel öfter sagen, aber es ist eh schon sehr oft kitschig zwischen dir und mir. Ich wünsche mir, dass du diesen Text findest, auch wenn ich diesen Zuneigungshaufen nur schwer auf den Punkt bringen kann.

Ich bewundere dich, gerade jetzt, wo du mir immer wieder vom Rand meiner Abgründe zuwinkst, mich auch immer wieder herauslockst, du das alles mitträgst und so tust, als wäre es das Normalste der Welt.

Ich bewundere, wie euphorisch du sein kannst, wie wütend, wie clever, wie witzig. Da ist sehr viel Gefühl für dich, auch wenn ich oft die Kühlere, die Pragmatischere von uns beiden bin.

Es tut mir leid, dass ich gerade nicht immer so mitfühlen kann, wie du es verdient hast, dass ich dich oft in meine Themen mitnehme und später dann die

Sorge habe, deine nicht gesehen zu haben. Andererseits bleibt auch noch immer Angst, dich ganz in meine Tiefen einzuweihen, dich zu belasten und letztlich doch nicht tragbar zu sein.

Auch wenn es manchmal vielleicht nicht so wirkt: Du bist einer der wichtigsten Menschen in meinem Leben, ich brauche dich.

Danke, für alles.

Es ist das erste Mal an diesem Tag, dass mir nicht kalt ist. Die Sonne scheint, der Wind pustet mich durch. Ich bin wieder aufgewacht aus meiner Traurigkeit, zumindest für den Moment. Der Kopf schweigt und ich gehe, allein und unbemerkt, ich bin fast unsichtbar.

„Heute nicht.", denke ich. Obwohl ich allein bin, obwohl ich nicht weiß, was in den nächsten Tagen wird, obwohl mir so kalt war, obwohl ich mich auch heute so viel mit mir und dem, was mich aufwühlt, beschäftigt habe. Heute nicht.

Heute will ich mir genügen, heute ist da genug Kraft für Trotz. Sogar für ein Lächeln, ein aufrichtiges, kein verzweifeltes. Ich möchte mich tragen lassen von der Erinnerung an gestern, an gute Tage. Und ich möchte diesen Moment nicht kaputt-denken. Er soll bitte einfach bei mir bleiben.

Es gelingt mir nur kurz, ein kleiner Zweifel und ein bisschen Angst bleiben. Zweifel, ob früher oder später auch heute der Einbruch kommt und diese Besserung im Nu wieder zerstört. Und Angst vor den Tagen, die noch so ungefüllt vor mir liegen. Ich möchte nicht mehr zweifeln, nicht immer den kleinsten Glücksmoment infrage stellen. Und doch kann ich nicht aus meiner Haut, auch heute nicht.

„Ihr könnt mich alle mal. Alle. Lasst mich in Ruhe!", denke ich. Dabei ist da nicht einmal jemand, der irgendwas von mir will. Wenn man es so betrachtet, bin ich doch ziemlich frei. Da ist niemand, dem ich meine Wut entgegen schleudern könnte. Da ist kein Schuldiger, der meiner Anklage würdig wäre. Auch ich selbst nicht, wenn ich es mir eingestehe. Vielleicht ist es Ohnmacht, Verzweiflung oder auch die Erkenntnis, dass das alles verdammt unfair ist. Dass ich selbst nichts dafürkann und trotzdem die Verantwortung habe, diesen Scherbenhaufen zusammen zu kehren und die Stolperfallen zu entlarven, bevor wieder irgendwas zu Bruch geht.

Dann soll es halt zu Bruch gehen. Ich sorge selbst dafür, ich werfe, schleudere zu Boden, was früher oder später sowieso dort gelandet wäre. Ich fluche und schimpfe und tobe. Kommt mir nicht mit Ratschlägen, stellt euch mir nicht in den Weg. Und bitte, seht euch das nicht mit an, das kann man keinem zumuten. Ich habe Mitleid mit euch, ich könnte eure schockierten Gesichter nicht ertragen. Lasst mich einfach hier Scherben verursachen und dann lasst mich hier liegen. Ich stehe wieder auf, wirklich. Vielleicht nicht heute, vielleicht erst, wenn es dunkel wird und der Boden nicht mehr glitzert. Ich bin müde, das ist mir gerade alles viel zu anstrengend. Ich brauche heute mein Leid, mein Selbstmitleid. Ich nehme die Herausforderung heute nicht an.

Ich bin es leid.

Ich bin es leid, dass auf einen guten Tag zwei schlechte kommen.

Ich bin es leid, das alles wahnsinnig ungerecht zu finden.

Ich bin es leid, so oft nur das Schlechte sehen zu können.

Ich bin es leid, mich zu verurteilen, wieder und wieder.

Ich bin es leid, zu zweifeln, jeden Tag aufs Neue.

Ich bin es leid, mich von Kleinigkeiten nach unten ziehen zu lassen.

Ich bin es leid, Menschen zu brauchen und zu verabscheuen, dass ich es tue.

Ich bin es leid, dass ich mich anstrengen muss, wo andere es nicht müssen.

Ich bin es leid, mir einzugestehen, Dinge nicht zu schaffen.

Ich bin es leid, nicht so sein zu können, wie ich sein möchte.

Gut?

Gut!

Ja, freu dich, nimm es, behalt es, genieße es! Freu dich! Aber freu dich nicht zu früh. Den frühen Freuer haut es auch schnell wieder von den Füßen. Sei achtsam. Sei vorsichtig, hör dir zu.

Schwer wird es von allein wieder, sei dir sicher, Schwester Zweifel schüttelst du so schnell nicht ab. Tut mir leid, dir das sagen zu müssen, aber sie ist da sehr hartnäckig. Du darfst sie nicht vergessen, sie kann das nicht ausstehen.

Aber jetzt, zuallererst, freu dich!

Ich tippe: 25 Minuten. Mehr darf ich ja nicht. „Darf", was soll das überhaupt? Wer will das überprüfen? Ich beginne zu treten, schnell, Kaltstart, konzentrierte Energie. Dann eben über die Häufigkeit. Ab morgen. Jeden Tag Bewegung. Und überhaupt, mein kaputtes Leben wieder auf die Reihe kriegen. Mein Kopf beginnt detaillierte Pläne aufzustellen. Pläne übers Bewegen, Pläne übers Essen, Pläne über zu bewältigende Herausforderungen. Ja, so werde ich es machen, ab morgen, das wird großartig.

Ich trete, hektisch, wie eine Irre. „I'm alive" singen meine Kopfhörer.

Stopp.

Geht's noch?

Ich spule zurück. Ich bin seit mehr als drei Wochen nicht mehr hier gewesen. Wenn man mich nicht angetrieben hätte, säße ich noch immer im Schlafanzug im Bett. Vermutlich würde ich sehr viel essen.

Lieber Größenwahn, willkommen zurück. Es ist ernüchternd, dass du wieder da bist. Vielleicht ist das meine Normalität, weil ich meine eigene, drückende Durchschnittlichkeit nicht aushalten kann. Ich stelle steile Hürden auf, die so hoch sind, dass ich garantiert falle. Und dann die harte Verurteilung, gnadenlos, sie wäre auch dieses Mal gekommen. Dann lieber nichts erwarten, wenn ich doch eh dazu verdammt bin, mich schlecht zu fühlen. Dann lieber gar nicht erst versuchen.

Es ist noch lange nicht vorbei, das hier war nur der erste kleine Stopp von vielen, die ich noch brauchen werde.

25 sind okay.

Du bist plötzlich um mich. Dein Blick eiskalt, durchbohrt mich und macht sprachlos. Ich sehe dich an. Ich kenne dich schon so lange, du bist mit mir gewachsen und je größer du wurdest, desto weniger habe ich mich gegen dich wehren können. „Ich werde das nicht tun", sage ich und es klingt wie eine Frage. „Ach, wirst du nicht?", antwortest du, mich längst durchschauend, „warum bin ich dann hier? Warum bist du so starr?"

„Ich habe dich nicht reingebeten", versuche ich es, die Stimme brüchig. „Nein, aber du hast die Tür für mich offengelassen". Deine kalten, feuchten Finger halten mich fest, viel zu fest, dort wo die Haut dünn ist. Du malst Bilder in meinen Kopf, grausam wie Albträume. Ich will das nicht denken müssen. Das ist keine Option. Du bist keine Option, du bist nur ein Gedanke. Ich tue das nicht. Geh weg.

Mein Schreck bereitet dir Genugtuung, meine Angst die pure Freude. Für heute ist das dein Gewinn. Es ist dein Spiel mit deinen Regeln und ich, ich kann nur verlieren. Ich weiß, du kommst zurück und du weißt, dass ich es weiß. Du bist die Schlange und ich dein liebstes Kaninchen, je mehr es zappelt, desto lustvoller die Jagd.

Ich begebe mich in Reparatur, weil ich nicht mehr so funktioniere, wie man es von mir gewohnt ist. Es klappert und scheppert an allen Ecken und Enden und schwerfällig ist es, wahnsinnig schwerfällig.

Ich werde dann zurückkommen, wie neu, sogar besser, mit mehr Glanz und neuen Funktionen. „Wir haben es doch immer schon gewusst, dass das in dir steckt!", werdet ihr sagen. Ich werde ein Liebhaberstück sein, alles wird gut.

Aber vielleicht werden auch nur die hässlichen Macken im Lack übermalt, vielleicht wird man nicht genau den Farbton treffen und jeder wird sehen, dass man vergeblich versucht hat, sie verschwinden zu lassen. Vielleicht werden Beulen bleiben, weil die Oberfläche nicht in ihre ursprüngliche Form zurück kann. Vielleicht werdet ihr den Unterschied kopfschüttelnd zur Kenntnis nehmen und denken, dass man sich *das* auch hätte sparen können.

Vielleicht kann ich kein Liebhaberstück mehr werden - wenn ich nicht schon eines bin.

Die immergleichen Dialoge, der Tanz den wir vollführen, immer umeinander herum und nicht aufeinander zu. Deine Verzweiflung, die du unter einem hektischen Lachen zu verbergen versuchst. Mein Unvermögen, es dir in diesem Jahr recht machen zu wollen, das Spiel mitzuspielen. Mein Frust, zu groß für dich. Du willst, dass es allen gefällt, damit es dir auch gefallen kann. Das kann ich nicht, das will ich nicht, das ist es mir in diesem Jahr nicht wert, zu heucheln.

Ich möchte weg hier. Ich habe es satt, längst bevor es angefangen hat.

Ich brauche mehr erhobene Mittelfinger, um sie euch zu zeigen. Ein lautes „Fuck off!" dazu, ein wütender Blick, ein Selbstbewusstsein bis zum anderen Ende der Welt. Eine Haltung, die euch ins Gesicht schreit, wie egal ihr mir seid. Und dass ich euch nicht brauche, ich kann ohne euch glücklich sein. Was ihr von mir denkt, ist mir scheißegal. Nur, dass ihr angemessen erschüttert seid, das will ich. Und dann weise ich euch ab, denn ohne euch bin ich besser dran. Verächtlich werde ich auf euch herabschauen, allein, von meinem hohen Ross.

Und ihr, zusammen, da unten, werdet Blicke tauschen, Schultern zucken und euer Leben leben.
Ohne mich - noch immer.

Auch im Guten?

Ich kenne jetzt mein „Schlecht" viel besser, ich kenne mich aus in diesem Labyrinth, gelegentlich verlaufe ich mich, oft verzweifle ich, doch ich kenne viele der einzelnen Wege, bloß das große Ganze noch nicht. Und wenn es so wäre, fände ich hinaus?

Und was würde mich erwarten? Die Welt ist eine andere da draußen. Wärt ihr noch da? Auch im Guten, auch ohne die vermeintlich weise Traurigkeit? Dort, in der Weite, die mir fremd geworden ist. Vielleicht wäre ich orientierungsloser als hier, in meinen bekannten Mauern auf den ausgetretenen Pfaden. Nehmt ihr mich bei der Hand? Und in den Arm?

„Gut" macht Angst, ich möchte verweilen. Ihr verirrt euch zu mir, ab und an und findet souverän wieder hinaus. Kennt ihr den Weg zu mir auch in der Weite?

Vermessen war es, zu glauben, es sei alles besser. Es haut mich doch wieder um. Ich habe mich doch wieder verheddert in den Zweifeln. Ich verirre mich zurück auf die alten Wege.

Und gelegentlich werfe ich alles hin, meinen ganzen Ballast und tue keinen einzigen Schritt mehr vorwärts. Ich bin das Stolpern leid, das „Immer-wieder-aufstehen", es ist so wahnsinnig mühsam. Ich bin so viele Umwege gegangen, es genügt doch eigentlich.

Ich habe keine Wahl, dies ist mein Weg. Umkehren ist keine Option. Nur eine kleine Verschnaufpause, dann werde ich weiter gehen.

Wir betreten meinen Tatort.

Ich bin das Opfer, ich liege auf dem Bett, den Blick zur Decke, die Haut fettig. Der Bauch voll. Das Bild erinnert an eine Mastgans, es ist grausam und mitleiderregend.

Ich bin der Täter, ich bin brutal, quälend, ich habe mich nicht im Griff. Wenn ich explodiere muss es raus. Nein, rein.

Ich bin die Spurensicherung, ich sichte die Teller, analysiere die Reste, kann etwas sagen über den Tathergang und das Ausmaß der Katastrophe.

Ich bin der führende Ermittler, ich sammle die Indizien, durchleuchte die Biografie, versuche, mich in den Täter hineinzuversetzen. Versuche, ein Motiv zu finden und diesen Fall aufzuklären.

Ich bin die Tatortreinigung, ich bin noch da, wenn alle anderen gegangen sind, wenn es wieder still wird, an diesem Schauplatz. Mir bedeutet das alles nichts mehr, ich bin abgehärtet, nein, ich muss mich davon abgrenzen. Ich spüle Teller, Töpfe, ewig lang. Ich sammle Besteck aus allen Ecken der Wohnung ein. Ich wechsele die Laken, ich öffne die Fenster.

Und obwohl die Indizien eindeutig sind, obwohl der Täter kein Unbekannter ist, scheint es vorerst nicht zu gelingen, diesen Fall zu lösen. Es ist alles zu verstrickt.

Dass ich Angst habe - weißt du es?

Ich glaube nicht. Nicht an etwas Höheres, nicht an ein Leben nach dem Tod. Ich glaube daran, dass alles irgendwann vorbei ist.

Auch du bist vorbei, lange schon, und selten noch tut es weh. Es wäre dein Geburtstag gewesen, heute. Ich hätte ihn gern mit dir verbracht, wie auch die letzten. Ich würde gerne daran glauben, dass du noch irgendwo bist, dass du mich siehst, dass du weißt, wie schlimm es manchmal um mich steht und von dem Chaos in meinem Kopf. Ich würde gerne deinen Rat hören und alte Geschichten, sogar deine Lästereien, was gäbe ich um deine Lästereien. Ich würde gern sehen, wie du den Kopf schüttelst, wenn ich sonntags Wäsche wasche, oder wenn ich versuche, in ein Kleidungsstück nicht noch mehr Falten hinein zu bügeln. „Kind, lass mich das machen!", würdest du sagen. Es war eine gute Zeit, die wir gemeinsam hatten. Sie hätte länger sein dürfen.

Ich verstehe vieles jetzt erst, glaube zu verstehen, welchen Einfluss du auf mein Leben hattest. So gern würde ich es von dir hören, ein einziges Mal.

Es tut nur noch selten weh, weißt du? Ich denke nicht oft genug an dich, dein Bild verblasst und das macht mir Angst, denn eines Tages wird es vielleicht verschwunden sein. Vorbei sein, wie du.

Ich werde zu weit gehen,

nur einen Schritt,

dann stolpern, straucheln,

nach etwas greifen,

stürzen,

dann langsam und schmerzhaft

an der nackten Gefühlswand

abrutschen.

Ich kratze vorsichtig an der Oberfläche. Ich bekomme Antworten, kurz, pragmatisch, geduldig. Ein bisschen an der Frage vorbei, aber nicht widerwillig. Norddeutsch, das mag ich, eigentlich. Mehr bekomme ich nicht. Keine Gegenfrage, kein Erstaunen, keine Versuche, weiter auf das Gesagte einzugehen.

„Kann ich noch etwas fragen?", möchte ich fragen und traue mich dann doch nicht. Schweigen, ruhig und unaufgeregt. Also erzähle ich die nächste meiner gesammelten Anekdoten, erzähle von mir, öffne ein Stück weit, was ich eigentlich gezeigt bekommen möchte.

Meine Wurzeln sind stark und verborgen. Und vielleicht müssen sie das sein, Wurzeln gehören unter die Erde. Sie kommen auch nicht zum Vorschein, wenn ich an ihnen zu ziehen versuche.

Du hast mich hinterrücks überwältigt, schon wieder. Ich liege am Boden. Ich wehre mich nicht mehr. Nimmt dir das die Freude? Ich bleibe hier liegen. Tritt nochmal zu, ist mir egal. Das andere Auge auch noch blau? Mach doch. Ich bewege mich nicht. Ich bin still. Alles ist gleich taub, mach was du willst mit mir. Es tut nicht weh, nein, tut es nicht.

Nimm mit was du brauchst, ist nicht wichtig.

Nichts ist gerade wichtig.

Ich stelle das Gefäß voll Traurigkeit an die Kante, woanders ist kein Platz mehr. Ich habe es geschafft, alles hinein zu bekommen, doch es findet sich kein Deckel. Eine ungeschickte Bewegung nur und es wird umfallen, zu Bruch gehen und der Inhalt wird sich ergießen, über alles, was gerade wieder gelingt. Das ist nicht viel, das Innere des Gefäßes wird reichen, um alles zu ertränken. Meine Bewegungen sind grob und fahrig, ich habe Angst, es wird wieder umfallen. Ich kann es fast schon wackeln sehen.

Ich werde dir wehtun. Ich sehe keine andere Option, es ist schon viel zu spät. Es tut mir so leid, ich hätte dich gern gebremst, bevor du meine Mauern einrennst und dir den Kopf anschlägst. Vielleicht hätte ich sie höher bauen müssen, stabiler, doch ich wollte dich hereinlassen. Ich hätte dir gern bereitwillig die Tür geöffnet, aber ich lasse dich klettern, rennen, kämpfen, um dich auf den letzten Metern doch nur wieder wegzustoßen. Und du nimmst einfach meine Hände in deine, hältst sie fest, machst mich wehrlos und weich.

Ich hätte es gern besser gemacht, weißt du, ich habe es wirklich versucht. Für den Moment war das echt, nur hinterher, im Dämmerlicht, wenn der Kopf wieder mitspielt, bin ich mir nicht mehr sicher. Ich will das nicht, nicht auf diese Weise, ich habe dich gewarnt, und doch wird es dich hart treffen. Hör doch auf, mich zu mögen, mach es mir bitte nicht so schwer, bau deine eigene Festung.

In meiner ist es kalt und eng, ich weiß nicht, ob der Platz für dich genügt.

Reißverschluss auf, es gleitet an mir hinab. Ich stehe inmitten meiner alten Hülle, steige hinaus. Keine Tasche gepackt, kein Andenken dabei. Ich bin jemand anderes und ich werde gehen. Ich, die Abschiede hasst und nicht an Neuanfänge glaubt. Aber das hier ist kein Abschied, keine letzten Worte. Und das ist kein Neu-Anfang, denn ich lasse keine Erinnerung an mich bei mir. Ich höre auf zu existieren und hinterlasse den Platz. Vielleicht bleibt er leer. Die Hülle dort am Boden, sie ist mir egal, sie gehört nicht mehr zu mir. Ein neues Gesicht, ein anderer Mensch. Ihr erkennt mich nicht, als ich an euch vorbeigehe ohne aufzublicken. Ich gehe fort, ganz weit weg, um ganz echt einsam zu sein, ganz echt allein, ohne einen Menschen, ohne eine Erinnerung. Damit es einen Grund hat, sich so anzufühlen.

Ich höre dich atmen, auf diese ganz bestimmte Art und Weise. Du bist auf der Jagd, du suchst nach Fehlern, die du mir dann irgendwann als gesammelte Werke vorhalten kannst.

Du bist ein hinterlistiger Jäger, Fehler, die keine sind, werden einfach abgeknallt, ohne Rücksicht auf Verluste. Hauptsache Trophäensammlung.

Wachsam bewege ich mich, leise, angepasst. Du hast deine Waffe im Anschlag und obwohl ich weiß, dass du mich nicht verletzen darfst, möchte ich es lieber nicht riskieren.

Du warst nicht immer so, hart und kühl. Ich vermisse, wie du warst. Doch, so großmütig ich auch gerne wäre, ich lerne, Selbstschutz geht vor Verständnis. Mach bitte Jagd auf deine eigenen Fehler und lasse mir meine.

Da stehe ich, auf einem Bein, jonglierend mit den Umständen. „Seht mich an!" möchte ich sagen. Ich warte auf Bewunderung für mein Kunststück mit dem prachtvollen Titel „Es geht mir eigentlich ganz gut!"

Mein suchender Blick verrät, dass er eine Lüge ist. Dennoch bin ich ein guter Clown in diesen Tagen, das Lächeln ins Gesicht gemalt und allerlei Schabernack dabei. Bleib mal sitzen und wart ab, bis die Vorstellung vorbei ist.

Die Lichtpunkte an der Decke wandern, von Stunde zu Stunde, immer ein Stück weiter. Sie sind das Einzige in diesem Raum, das sich bewegt. Mein Gesicht spiegelt sich gelegentlich in Displays, die jetzt schwarz sind. Ihre Bilder langweilten mich, die Geräusche auch. Ebenso meine Existenz. Meine Augen beobachten verschwommen die Lichtpunkte, werden müde, möchten geschlossen werden, doch ich lasse sie nicht. Wenn der Kopf an ist, müssen die Augen geöffnet bleiben. Ich horche Löcher in das Rauschen von draußen, das so monoton ist, dass es sich wie Stille anfühlt. Ich liege so ruhig, dass ich meine Füße kaum noch spüre, auch sonst nicht viel, ein leichter Pulsschlag. Wie lange kann ich hier liegen bleiben, in dieser Ruhe, bis sie meinem Körper überdrüssig wird und ich den Drang verspüre, aktiv zu werden? Wir werden sehen, ich werde geduldig darauf warten.

Man hat mir mein Selbstmitleid einfach aus den Händen gerissen. Ich hatte es gut gepflegt, es umsorgt und ihm immer genug zu fressen gegeben. Es hatte es gut bei mir, wir hatten uns miteinander arrangiert. Man fand, ich sollte nicht an ihm festhalten, also nahm man es mir weg und drückte mir stattdessen Verantwortung in die Hände. Die ist groß, nicht besonders hübsch und schwierig zu halten. Ich bin mir nicht sicher, ob ich sie haben will. Ich liebe sie nicht. Sie fordert mich, will jeden Tag beschäftigt werden, lässt sich nicht irgendwo abstellen und man erwartet, dass ich mich gut darum kümmere. Ich habe Angst, dass ich der Verantwortung nicht gerecht werden kann, dass sie mir dann den Kopf zerlegt und das Leben gleich mit, dass sie zu groß wird und ich sie nicht mehr halten kann. Ihre Lebenserwartung ist mir zu lang, wann soll man denn da mal Pause machen, man ist ja ewig gebunden. Vielleicht setze ich sie irgendwo aus und hoffe darauf, dass jemand anders sie nimmt, dieses ungeliebte Wesen.

Doch egal wohin ich gehe, klebt sie an mir, ist flink und lässt sich nicht abschütteln. Sie duldet nur mich, nur ich selbst kann mich um sie kümmern. Welch bittere Erkenntnis.

Meine Schonzeit ist vorbei, so scheint es. Ihr habt die Samthandschuhe ausgezogen und mich verletztes scheues Etwas ungefragt zurück auf die Füße geschubst. Ein Schulterklopfen, viel zu fest, ich würde es schon schaffen, jaja, alles würde gut werden, das sagt man so daher. Fast wünschte ich mir, euch eines Besseren zu belehren. Sollt ihr sehen, was ihr davon habt, mich von euch loszureißen. Ich wäre gern zu stolz, um mich immer wieder nach euch umzudrehen, aber wir wissen es alle: So bin ich nicht.

Was, wenn ich wieder falle? Was, wenn nicht alles gut wird? Was ist beim nächsten Mal, wenn ich wieder zu Boden gehe?

Ich habe Angst, dass euer Weg von mir wegführt und ihr dabei seid, unterwegs eure Geduld mit mir zu verlieren.

Die Sonne scheint, um mich herum leuchtet alles hellgrün. Ich liebe diese Farbe, liebe das Gefühl auf der Haut. Ich kann mich nicht sattsehen an diesem Grün. Ein Schatten vor meinen Augen hindert mich am Genießen. „Freu dich nicht zu früh", sagt er. Ich stehe mir selbst im Licht.

Ich glaube dem Schatten, denn ich vertraue mir nicht. Zu denken, dass das, was ich empfinde wirklich wahr ist, dass es Bestand hat, dass ich mich nicht selbst täusche, ist gefährlich. Licht und Schatten sind vergänglich. Genieß die Sonne nicht zu sehr, der Schatten ist nicht weit. Oder du bekommst einen Sonnenstich und fängst vollends an zu spinnen. Bestimmt ist alles anders, als du denkst.

Aber vielleicht, lieber Schatten, ganz vielleicht, ist es gerade auch einfach mal eines: Gut so.

„Guten Tag, haben Sie zufällig mein Leben gesehen?"

„Ihr Leben?" – „Ja, mein altes Leben. Es ist mir abhandengekommen, gerade gestern war es noch da, nun ist es weg, ich weiß nicht was ich machen soll, es ist einfach verschwunden..." – „Ist das schon öfter vorgekommen?" Der Mann blickt mich entgeistert an, so als wäre es sehr ungewöhnlich, dass einem zwischendurch mal das alte Leben verlorengeht. Ich fahre unbeirrt fort.

„Ja, also wissen Sie, ab und an geht es mal ein paar Tage weg, aber eigentlich kommt es irgendwann wieder und dann mache ich es ihm gemütlich und dann ist es wieder zufrieden. Manchmal kann ich es auch anlocken mit den guten alten Erinnerungen oder ich gehe raus und suche es, bis ich es finde, aber dieses Mal weiß ich wirklich nicht weiter, ich habe alles versucht."

„Wie sieht es denn aus, Ihr altes Leben?" fragt er mich. Ich verstehe nicht, wie er so ruhig bleiben kann, wo die Lage doch ernst ist. „Mein altes Leben ist schön. Also, nicht immer versteht sich, aber schön war es schon die meiste Zeit. Ab und zu saß es in einer Ecke und wusste nicht mehr weiter, aber sonst war es stets fröhlich und voller Tatendrang. Und klein, recht beschaulich, es geht in der Menge mal unter. Aber wenn man es kennenlernt, dann verliert man es so schnell nicht mehr aus den Augen, wissen Sie?" – „Ja, solche Leben kennen wir hier zuhauf."

„Und können Sie es für mich finden? Bitte, ich brauche es zurück. Das ist wichtig!"

Er runzelt die Stirn, überlegt kurz. „Ich fürchte, Fräulein, das müssen Sie schon selbst erledigen. Dabei können wir Ihnen hier leider nicht helfen."

Ihr habt mir eure Stempel auf die nackte Haut gedrückt. Nach und nach, es wurden immer mehr. Ich fing an, blind dafür zu werden, sie waren da, sie gehörten zu mir. Ich drückte selbst noch einige dazu, stempelte mich ab, wieder und wieder. Eure Wahrheit wurde zu meiner und sie ist noch da, ihr hingegen schon lange nicht mehr, nur eure Stempel, die mir blieben.

Ich sehe sie jetzt wieder und erkenne: Eure Stempel sind nicht meine Haut. Und es wird allerhöchste Zeit, ein Lösungs-Mittel zu finden.

Den Kopf gesenkt gehalten sehe ich, was mir Lust auf den Kampf mit mir selbst macht. Weiße Zebrastreifen, rote Stellen, blaue Flecken, Dellen, Beulen. In meinem Gesicht geblähte Nüstern, Pusteln, Poren. Und Augen, meine Augen, die diesen Hauch von Verzweiflung in sich tragen, der mich zu allem Überfluss noch schwach aussehen lässt. Lasse ich meine Hände gleiten, teils sanft, teils grob, kann ein anderer Sinn den Beweis antreten, dass das hier nicht genügt, nicht liebenswert und nicht schön ist. Wegsehen, wegfühlen kann ich nicht. Ich trage mich mit mir herum und in jeder erdenklichen Position wird mir heute klar, wie wenig ich dieses Etwas mag, das mein Körper ist. Mein Körper, der mir ein Zuhause sein sollte. Mein Körper, der mir zuverlässig und gnädig seinen Dienst erweisen sollte. Mein Körper, der anderen einen ersten Eindruck vermittelt, den mein Charakter und mein Tun dann doppelt wieder ausbaden müssen. Mein Körper, den ich angeblich lieben muss, weil er das wert sei. Ich höre mich bitter lachen.

Du bist wie ein nerviges Pop-up-Fenster, das ich unter normalen Umständen sofort wegklicken würde. Du ploppst in meinen Gedanken auf und ich verliere mich darin. Du hast die Schmetterlinge wachgeküsst und mich aus düsteren Gedankengängen in schönere geführt.

Du machst, dass ich Texte wie diesen schreiben möchte, die so kitschig sind, dass sie in mir normalerweise nur Brechreiz auslösen.

Du machst, dass ich schön sein möchte, nicht nur für mich, sondern um dir zu gefallen. Schön, schlau und selbstbewusst.

Ich bin wie entkoffeinierter Kaffee, den du aus Versehen gekauft hast. Ins falsche Regal gegriffen, zack, da war es passiert. Ich warte darauf, dass du die rosarote Brille absetzt und merkst „Ach nee, doch nicht". Oder du stellst später fest, dass es nicht um den Geschmack ging, sondern nur ums Wachwerden, kramst den Kassenbon raus und gibst mich zurück. Vergriffen, versehen, das passiert schon mal.

Zwischen düsterer Kaffeesatzleserei und fröhlichbunten Pop-up-Fenstern schwinge ich hin und her und schüttele den Kopf, bis mir ganz schwindelig ist. Du bist vielleicht das Letzte, das ich gerade gebrauchen kann, aber das Erste, das ich mir gewünscht habe.

Die Zeit packt ihre Koffer. Sie ist müde, erschöpft, sie mag nicht mehr. Die Zeit hat es satt, ständig alle Wunden heilen zu sollen. Sie droht an dieser Aufgabe zu zerbrechen, und wer bitteschön heilt dann ihre Wunden? Die Zeit ist reif, sie hat gelernt. Sie hat genug beobachtet, verweilte, floh, blieb für kurze Augenblicke stehen. Jetzt will sie gehen, moderat und gleichmäßig. Sie möchte eine glückliche Zeit werden, möchte mitgenommen werden in schöne Geschichten von Menschen, die sich ihrer Gegenwart erfreuen. Die Zeit geht, um nicht einfach so, benutzt für niedere Zwecke, zu vergehen.

Dunkel liegt die Höhle vor mir. Es ist nass, riecht modrig. Mir ist kalt, ich bin so nackt wie diese Wände, die ich nicht sehen kann. Nichts kann ich mehr sehen.

„Hallo?"

Hallo, hallo, hallo, hallt mein Echo.

Ich bin allein mit meinem viel zu lauten Echo.

„Ich bin genug!", rufe ich.

Betrug, Betrug, Betrug, hallt mein Echo.

„Reichlich!". Ich kreische fast.

Reicht nicht, reicht nicht, reicht nicht, kreischt mein Echo zurück.

„Bitte! Nicht schon wieder!"

Und wieder, und wieder, und wieder….

Das Vibrieren des Handys,

die Augenpaare, die von den Wänden zu mir herab-
schauen,

eure Stimmen in meinen Ohren,

die warmen Worte in der Erinnerung,

Arme, die sich für mich öffnen würden, vielleicht,

offene Türen, die ich nur einzurennen brauche

...

können mir nicht das Gegenteil beweisen.

Ich kann nicht anders.

Ich fühle mich so allein.

So allein.

Ich soll so etwas nicht sagen. Ist das hilfreich? Nein. Also aufhören zu sagen, was ich denke. Aufhören zu denken, am besten. Aufhören zu sein, denke ich. Darf ich nicht denken.

Und verdammt nochmal, ich weiß das alles, kenne den optimalen Verlauf dieser Geschichte mit der kläglichen Hauptfigur in- und auswendig.

Wie mich denn jemand lieben soll, wenn ich es selbst nicht kann. Ja, genau das frage ich mich auch.

Alles nicht hilfreich, nicht gewinnbringend, ich soll etwas daran verändern. „Einfach nur mal…", sei es nur ein erster Schritt, und das kann ja niemand sonst. Dinge anders machen. Wie, das verratet ihr mir alle nicht. Es klingt so leicht aus eurem Mund, so hämisch leicht, dass ich gleich noch etwas kleiner werde.

Ihr behaltet euer beschissenes Geheimnis für euch, getarnt hinter großen Worten, die ich höre.

Jedes einzelne.

Hinter keinem verbirgt sich die Antwort auf meine Frage.

Fast hättest du mich gehabt. Hast mich in deinen Bann gezogen mit Hypnoseaugen, Schlange und Kaninchen. Hast mich festgehalten, nur um mich im nächsten Moment in den Dreck fallen zu lassen. Mit dem Gesicht zuerst.

Ich sehe die dunklen Flecken auf meiner Kleidung, meine dreckigen Hände, die mich daran erinnern. Fast hättest du mich bekommen. Ich bin schwach, so schwach, so müde. Die Entscheidung ist vielleicht nur vertagt, aber für heute bleibt es so wie es ist. Und morgen ist ein neuer Tag.

Seht ihr mich aus meiner Asche steigen? Ich bin dem Trugschluss aufgesessen, wieder mal, ich könnte einen Teil von mir zurücklassen. Er klebt an mir wie Pech und Schwefel. Um mich herum verbrannte Erde, all die Mühen ganz umsonst, denke ich.

Der nächste Trugschluss, womöglich, was gedeihen will, gedeihen wird, kann ich noch nicht erkennen, die Augen voll mit Ruß.

Es war zu viel gewollt, zu groß das Feuer. Ich brauche noch viel Zeit, um zu begreifen, dass ich kein Phoenix sein muss und trotzdem fliegen lernen kann.

Ich verstehe dich nicht. Unsere Kommunikations-
probleme werden immer größer, je älter wir mit-
einander werden. Du bist ein Sensibelchen und ich
nicht immer gut zu dir. Aber weißt du, Macken-
körper, ich habe mich doch in der letzten Zeit wirklich
bemüht, es dir recht zu machen. Es ist schwer, wenn
man dabei nicht selbst untergehen möchte. Ich
könnte dich wieder zur obersten Priorität machen,
könnte Nährwerte studieren und jeden Tag Sport
machen. Ich könnte Stunden in immer gesündere
Ernährung investieren und Geld in teure Beauty-
produkte. Und dann würde ich früher oder später
wieder zusammenbrechen, weil ich gedacht hätte,
das alles würde reichen, um glücklich zu sein. So will
ich es doch gar nicht mehr, Mackenkörper, wirklich
nicht. Ich möchte lernen, dich zu lieben. Es wäre
schön, wenn du mir dabei helfen könntest. Ich gehe
doch schon so viele Kompromisse für dich ein, ich
verzichte, ich versuche so gut ich eben kann, mich um
dich zu kümmern. Du machst mich wütend mit deiner
Ignoranz, du bist gemein zu mir. Ich bin doch auf dich
angewiesen. Ich erwarte doch gar keine Wunder, ich
vergleiche mich nicht mit Covermodels, meine An-
sprüche sind nicht utopisch hoch. Ich möchte doch
nur, dass du endlich aufhörst, mich zu boykottieren!

Ein mutiger Gedanke traut sich um die Ecke. Ich locke ihn an, denn er sieht nett aus. Einer, den man wirklich gerne näher kennenlernen möchte. „Du kannst es lernen", raunt er mir zu. Ich schaue ihn etwas ungläubig an. Er nickt aufmunternd, zwinkert mir zu, dreht sich um und verschwindet wieder, so schnell, wie er gekommen war. Am Boden, wo er gerade noch stand, liegt nun ein kleiner Zettel.

Eine Botschaft: „Ich komme bald wieder. Warte auf mich."

Die Botenstoffe sagen meinem Gehirn, dass wir zufrieden sind. Es gehorcht brav, ich bin ihm dafür sehr dankbar. Meine Füße gehen auf warmem Stein, in meiner Hosentasche nur mein Schlüssel, in der Hand ein paar Schuhe. Die Luft kühlt ab, es riecht immer noch nach Stadt-Sommer und ich bin der kleine Hippie, der ich schon immer sein wollte. Ruhig und unaufgeregt, zufrieden, allein und doch nicht, in mir ruhend und doch den letzten Energieschub vor dem Schlafengehen weglaufend. Mein Achtsamkeitstrip wird untermalt von Erinnerungsbildern, die mich lächeln lassen. Das muss dieser Frieden sein, denke ich noch, bevor mich ein Gedanke mahnt, es nicht zu übertreiben. Bleib mal auf der Erde, ist doch schön, der warme Stein, das kalte Gras. Genügt doch, fürs Erste.

Ich auch, fürs Erste.

Es dämmert um mich herum, und mir dämmert es, dass ich noch da bin. Die Skepsis war vielleicht berechtigt, möglicherweise auch eine selbsterfüllende Prophezeiung, das lässt sich nicht mehr feststellen. Meine kleine Pause vom Glücklichsein ist da, und ich atme durch, als hätte ich mich wahnsinnig angestrengt.

Habe ich das? Alles nur Täuschung? Es ging doch scheinbar herrlich leicht und mit dem ganzen Gesicht lächelnd. Das kann doch nicht alles unecht gewesen sein. Die träge Ruhe bannt mich, ich bin ein wenig einsam, ein wenig müde, Altbekanntes kommt wieder zurück. Ich schaue mir meine Traurigkeit an, als sei sie ein glitzernder Stein, drehe und wende sie in meinen Händen, staune, als würde ich sie zum ersten Mal sehen. Ich schaue mir genau an, was da ist. Fast schon genieße ich die Melancholie, die seltsame Ruhe. Das alles ist schwer zu fassen - erst recht in Worte.

Ich wünschte ihr könntet sehen, wie ich kämpfe. Manchmal ist es leichter, doch es bleibt ein Kampf, ein Kampf für Frieden.

Es ist nicht gegen euch, sondern für mich.

Es kostet so viel Kraft, auszublenden, auf welche der tausenden von Arten ich bei euch anecken werde, es teils wirklich zu tun, mich nicht ständig zu hinterfragen, zu erklären, zu rechtfertigen, sondern einfach zu sein. Ihr könnt all das nicht sehen, ihr seht nur kleine Zeichen der Rebellion, die euch in Unruhe und Unverständnis stürzen. Ich muss die Regeln, meine und eure, manchmal neu schreiben. Ich habe Gründe, möglicherweise sogar gute, das muss als Rechtfertigung reichen. Ich will euch nicht hinter meinen Kulissen haben, bis ihr keine verdeckten Gegner meines Friedens mehr seid.

Ich sitze da, inmitten meiner ganzen „ZU"s und betrachte seelenruhig, was ich mir nahezu täglich selbst an den Kopf werfe.

Lauter ZU VIELs und ZU WENIGs und kaum ein OKAY. Zu viel gegessen, zu viel geschwitzt, zu viel gewollt, zu wenig Disziplin, zu wenig Schlaf, zu wenig Tun und viel zu viel Denken.

Zu viele Selbstvorwürfe.

Zu viel Schuldgefühl.

Zu wenig Liebe. Viel zu wenig Liebe.

Ich arbeite daran, OKAY?

Mein Kopf lügt. Er lügt mich dreist an, und Lügen tun weh, wenn man sie glaubt. Ich glaube fest.

Du siehst mich an, ich kann dir nicht in die Augen sehen, ich halte es nicht aus. Ich kann deine ganze Liebe nicht ertragen. Kann kaum dulden, dass du nicht wütend auf mich bist, während ich doch selbst so wütend auf mich bin. Es ist mir zuwider, dass ich dich nicht bei mir haben will, dich wegschicke, genervt bin von deinem Verständnis. Ich sollte dankbar sein, denke ich noch, als du wieder sagst, dass es okay sei. Ich schnaufe verächtlich, denn nichts ist okay, gar nichts. Du könntest das nachvollziehen, es sei beschissen. Ich frage mich, wie du verstehen willst, was ich selbst nicht verstehe.

Ich verstehe nichts mehr, mich nicht, dich auch nicht, die Welt nicht mehr, ein weiteres Mal.

Du nimmst mich in den Arm. Ich frage mich, ob du dich auch so versteinert fühlst, wenn ich versuche, dich zu trösten. Ich hatte vergessen, dass sich Umarmungen so anfühlen können. Ich wäre gern weich und warm, mit dir verschmolzen. Ich weiß, dass wir das können. Nur ich kann nicht, nicht heute. Es tut mir leid, so leid. Ich will so nicht sein, du weißt es. Der Blick zur Uhr, du packst und gehst.

Und ich bin dankbar.

Lies mir vor aus Märchenbüchern, von bösen Wölfen und Königskindern, Hexen und Tischchen, die sich selbst decken. Erzähl mir von den Schicksalen, erzähl mir von Happy Ends, nimm mich mit woanders hin.

Lass mich geborgen sein und klein, lass mich bei dir sein, an deinen Lippen hängen. Lass mich jedes Wort glauben, lass mich vergessen, wer ich bin. Ich möchte Rotkäppchen sein und Prinzessin und vielleicht auch böser Wolf. Knüppel aus dem Sack soll aufhören, meinen Kopf zu Brei zu prügeln. Ich möchte auch ein Königskind sein, mit Happy End, das mir einfach so passiert.

Vielleicht kannst du mir meine Geschichten als Märchen verkaufen, meine Phantasie wecken, damit es leichter wird, bis zum Wieder-Happy, denn bestimmt ist es noch nicht das Ende.

Bitten an meine Eltern

Lasst mich frei.

Lasst mich eure Erwartungen abschütteln.

Lasst mich eine Enttäuschung sein.

Lasst mich wachsen.

Lasst mich neue Pfade gehen.

Lasst mich finden, wonach ich noch gar nicht suche.

Lasst mich wollen.

Lasst mich entscheiden.

Lasst mich wissen, dass ihr da seid.

Sagt, was ihr denkt. Auch wenn es weh tut.

Redet auf Augenhöhe mit mir.

Liebt mich.

Zeigt es mir, ohne mich einzuengen.

Zweifelt nicht an euch.

Zweifelt nicht an mir.

Habt Vertrauen.

Ich sehe mir die Worte an, wie man alte Fotos ansieht. Sie berühren mich tief, ich möchte sie festhalten, für immer aufbewahren. Würde gern gemeinsam diese Wortfotos ansehen, von damals. Mein „damals", das noch gar nicht so lange her ist und mir trotzdem Ewigkeiten weit weg vorkommt. Ich vermisse andere Erinnerungen, hätte zu gerne auch gesprochene Worte eingerahmt. Sie fehlen hier, hinterlassen Lücken und je mehr ich krampfhaft versuche, mich zu erinnern, desto weiter rücken sie von mir fort. Auch vergesse ich immer wieder, bis es sich wie ein Déjà-vu aufdrängt, dass diese Worte in meinem „jetzt" vielleicht gar nichts mehr bedeuten.

Ich kann es kaum aushalten.

In diesem Eckhaus, da am Fenster, sitzt jetzt ein Etwas in einer riesigen Jacke. Es ist beschäftigt damit, klein zu sein, nachdem es sich so groß fühlen wollte. Es hatte an seinen Gliedmaßen gezogen und gezerrt, mit aller Kraft. Diese waren dann, elastisch wie Gummibänder, in ihre Form zurückgesprungen. Das hatte wehgetan. Nun war das Etwas wieder klein, die Jacke weich und riesig, warmer Kakao, Knie an den Ohren, als würde das die Welt auf gleiche Größe schrumpfen. Als könnte man jeden Wunsch zu wachsen mit warmer Milch herunterspülen.

Wenn meine Ziele, die großen, mich mit aller Kraft zu Boden drücken, mir die Kehle zuschnüren und jede Luft nehmen, dann ist es an der Zeit, sich zu ergeben. Ich höre auf, mit den Armen zu rudern, hebe die Hände, seht her, ich ergebe mich. Ich habe es provoziert, ich bin selbst schuld, ich sehe es ein, ich ergebe mich. Bleibe dann noch ein bisschen hier unten, bis ihre Wut verraucht ist, noch ein bisschen liegen, damit sie sehen, dass ich wirklich und wahrhaftig keinerlei Widerstand mehr leiste.

Ich habe verloren für heute, der Kampf ist vorbei. Aber ich muss auch nicht mehr gewinnen, das ist gut daran.

Fensterplätze.

Damit ich alles sehen kann. Damit es hell ist. Damit ich mich wundern kann, warum ich mich nicht konzentriere, wenn ich mich statt im Schwarzweiß im Grün, bald Gelb, verliere.

Fensterplätze, damit man zu mir hineinsieht, vielleicht sogar mal winkt.

Wie von einem Ausguck, die Umgebung aufsaugen, Dinge zählen, Muster erkennen und schließlich grübeln.

Und ein bisschen Kontakt zum Draußen haben.

Dort, am Fenster, ist mein Platz.

„Alles Lügner!", lallt mein Monster.

„Nostalgie ist ein Lügner. Es war nicht alles schön. Das meiste war so hässlich, wie du dich fühlst. Hässlich, hörst du? Scheiß auf Nostalgie! Erinnerungen sind Lügner. Sie sind nicht echt. Wenn du daran glaubst, bist du verdammt nochmal selbst schuld. Ich rette dich dann sicher nicht!"

Ich frage mich, ob das Monster mich jemals zuvor gerettet hatte, aber meine Gedanken werden abermals unterbrochen. „Freunde sind auch Lügner. Wie viele beste Freunde hattest du schon, hm? Zähl mal nach, Dummchen, wer davon ist jetzt noch von Bedeutung? Sie vergessen dich, wart nur ab, früher oder später vergessen sie dich!" Ich atme ein, komme gar nicht dazu, wieder auszuatmen, als es fortfährt: „Familie kannst du gleich mit vergessen, alles Lügner. Was sagt dieses bisschen Genetik schon aus? ‚Mein Fleisch und Blut', so ein Nonsens, du brauchst das nicht. Du kannst die nicht einmal leiden, wenn du mal ganz ehrlich zu dir selbst bist. Biste aber nie, du bist auch ein verdammter Lügner. Alles Lügner!"

„Was bleibt denn dann noch?", möchte ich fragen.

Innenhof-Stimmgemurmel, die Welt bunt bemalt und warm, mittendrin ein Alien mit meinem Gesicht als Maske. Er hat mich gerade abgelöst, damit ich mich erinnern kann, wie es war, bevor es war, wie es jetzt ist. Bis eben nämlich, da war alles in Ordnung. Mein heutiges Kontingent an Lachen ist nun erschöpft und ich brauche eine Pause von meinem fröhlichen Selbst. Das Konto ist leer, ich gebe acht, dass es nicht ins Minus rutscht. Soll der Alien ruhig übernehmen, er spielt meine Rolle gut, er ist genauso fremd hier, wie ich mich plötzlich fühle.